これなら書ける！
文章表現の基礎の基礎

山本裕子・本間妙・中林律子 著

ココ出版

はじめに

私たちがこの教科書の"もと"になる作業を始めたのは2013年の夏のことです。
学生のみなさんが書いた文章の山を見て、どんな問題があるか、どうしたら
読みやすくてわかりやすい文章になるのかを、長い休みに入るたびに考えました。

教師は提出された文章に「ここはいい」とか「これではわかりにくい」とか、
「添削」をします。小学校から高校まで、ずっとそのようなことが行われてきたと思います。
私たちははじめ、この「添削」をどう工夫したらよいかを考えていました。
しかし、様々な工夫をして添削したつもりでも、添削の意図は思ったほどには伝わらず、
文章の改善にそのままつながるわけではないことがわかってきました。
そこで、書いてから直すのではなく、どんな手順で書いたらよいか書く前の段階を
重視した教材を作ることにしました。

それから多くの学生さんとの授業実践を経て、ようやく一冊の教科書としてまとまりました。
"**ステキな**ライティング教材"を作ろうと決めてから5年近くかかりました。

この本で学ぶことによって、書くためにどのように考えたらよいかという、
文章作成につながる考え方の基本と、その考えを表現する基本を身につけてもらいたいと
思います。練習を通して、文章を書くことに対する抵抗感が薄れ、文章を書くことを
楽しいと思ってもらえるよう、著者一同願っています。

この本を使って学ぶ学生のみなさんへ

日常生活では、短い単語や文のやりとりが中心です。
まとまった長さの文章を書く機会がないままの人たちも大勢いるでしょう。

　何を書いたらいいのかわからない、
　どこから書き始めたらいいのかわからない、
　書きたいことがない、
　文章を書くのは苦手、
　嫌いじゃないけどうまく書けない、

こんな気持ちの人も大勢いそうです。

書くべきことを整理して読みやすい形にまとめる、これはどんな仕事でも必要な力です。
SNSで発信する短い文章でも、多くの人に誤解なく読んでもらうには、
読みやすい文章であることが必要です。

言いたいこと、感じたことを伝える力は自分の財産になります。
この本では、身近な課題を通して書き方の基本を身につけます。基本を身につければ、
どんな文章を書くのも怖くなくなります。少しずつ一緒に練習していきましょう。

この本を使って授業をする先生へ

本書は、大学・専門学校等の次のようなクラスで使用することを想定しています。
- 学部生の初年次教育
- 文章表現等の授業
- 留学生の日本語授業

また、自習ではなく授業で使用することを前提にしています。教師の手助けのもと、
例を見ながら手順を踏んで書くことで、基本的な書く力をつけることができるようにしています。
レポートや卒業論文を書く前の段階として、内容にまとまりのある、体裁の整った
読みやすい文章を書けるようにすることが目標です。

工夫

その1
目標に向けて、ワークシート形式で、シートを順に進めることで、文章を書く力がつくように設計しています。また、学生がつまずくと予想されるポイントを現実的な例で押さえています。

その2
書くための手順が身につくように、次の5つのステップで手順を示しています。
　Step1：アイディアを出す
　Step2：自分の「言いたいこと」をはっきりさせる
　Step3：自分の主張の補強
　Step4：アウトライン作成
　Step5：書き始め
4種類の文章を常にこのステップで書くことで、「考えてから書く」ことが自然に身につくようにしています。

その3
文章を書くためには、書きことばのインプットも必要です。そこで、見本となる文章だけでなく、練習問題にも文章レベルのものを取り入れました。「書く」ための練習をする中で、必然的に書きことばで書かれた文章を「読む」こともできるようにしました。

3つのパートで構成されています。

パート1：文章を書く
ポイントをしぼって自己紹介文を書く、相手の知らないもの・ことを説明する、ある出来事について報告・感想を書く、2つのものを比較して考えて書く、という4種類の文章を書く練習を通して、相手に伝える、伝わる文章を書く力をつけることを目指します。

パート2：表現をみがく
うっかり使ってしまいそうな話しことばの例を多く提示しました。
単文の練習だけでなく、文章レベルの練習を豊富に盛り込みました。
文章を読み、文脈に合った書きことばを使う練習ができるようにしています。

パート3：活用する
プレゼンテーションやエントリーシートなど、本書で学んだ5つのステップを、実際にどのように活用するかイメージできるようにしています。

＊本書を授業で使う先生方に、無料で以下のものを用意しています。
必要な方は、www.cocopb.com/korenara/home に入手方法が記載してありますので、ご利用ください。
- パート2（表現をみがく）の解答・解説
- 留学生用語彙リスト（ふりがな・英語・中国語・ベトナム語訳）
- 授業に活用できるPPT（見本）

これなら書ける!
文章表現の基礎の基礎

目次

はじめに　　　　　　　　　　　　　　　　　　　　　　　*iii*
この本を使って学ぶ学生のみなさんへ　　　　　　　　　　*iv*
この本を使って授業をする先生へ　　　　　　　　　　　　*iv*

パート1　文章を書く
1 「わかりやすい文章を書く」ことはなぜ重要か　　　　　**3**
2 わかりやすい文章を書くには　　　　　　　　　　　　　**5**
3 ポイントをしぼって自己紹介文を書く　　　　　　　　　**8**
4 相手の知らないもの・ことを説明する　　　　　　　　　**14**
5 ある出来事について報告・感想を書く　　　　　　　　　**20**
6 2つのものを比較して考えを書く　　　　　　　　　　　**26**

パート2　表現をみがく

1　基本ルール：書きことば・文体・原稿用紙の使い方　　**35**
2　接続表現　　**42**
3　文の問題　　**44**
4　適切な段落分け　　**49**
5　総合問題　　**51**

パート3　活用する

1　プレゼンテーションの基礎　　**59**
2　メールの基礎　　**61**
3　履歴書・エントリーシートの基礎　　**68**

おわりに　　**73**

パート1 文章を書く

1 「わかりやすい文章を書く」ことは なぜ重要か

① これまでにどんな文章を書いたことがあるだろうか。できるだけたくさん挙げてみよう

```
例：手紙
　　読書感想文
```

次の点について、話し合ってみよう。
1. 何に気をつけて書く（書いた）か。
2. 気をつけていること、気になっていることがあるか。
3. 自分の書いたものについて、周りの人から何か言われたことはあるか。

② 今後あなたはどんな文章を書く機会があるだろう。思いつくものを挙げてみよう

③ 学生生活において、あるいは社会人になってから、遭遇する「書く」こと

- ☞ 申請書（奨学金、各種届け）
- ☞ 理由書（欠席したり、変更したり等を申し出る際に提出するもの）
- ☞ レポート
- ☞ テストの答案
- ☞ 実習・研修・出張などの報告書
- ☞ 課外活動などの感想文
- ☞ 実験・記録文
- ☞ 挨拶文（お礼や報告の手紙など）
- ☞ 志望理由書（ゼミの希望、留学先の希望などを書いて提出するもの）
- ☞ 卒業論文
- ☞ エントリーシート（就職を希望する企業に書いて提出するもの）
- ☞ 企画書
- ☞ 連絡のメール
- ☞
- ☞

このように、「書いて伝える」機会は、豊富にある。
文字だけのコミュニケーションでは、伝えたい内容を口頭で補ったり、
表情やジェスチャーで補うことができない。

●●●●●▶ **きちんと「書けること」が大切!**

2 わかりやすい文章を書くには

1 道案内をする場面を考えてみよう

「この前紹介してもらったステラ歯科に行くことにしたんだけど、場所がよくわからないなぁ……」

①駅からステラ歯科までの道順を、AさんとBさんがメールで教えてくれた。
それぞれの説明を読んでみよう。

Aさん

駅のコンビニの横の道をずーっと行くと、パン屋さんがあるんですけど、結構おいしいパン屋さんなんですけどね、そこを曲がって、古着を売ってるような黒っぽいビルがありまして、そこの1階ですよ。

Bさん

駅の西口からだと、歩いて5分くらいで着きます。西口から出ると、駅前にはたくさん店が並んでいるんですが、正面にコンビニがあります。コンビニとドラッグストアの間の道をまっすぐ100メートルほど進んだ、2つ目の角にあるパン屋さんを右に曲がってください。その次の角を左に曲がったところに黒っぽいビルがあります。そのビルの1階です。

②説明を読んだら、ステラ歯科までの地図を書いてみよう。

どちらがわかりやすいだろう。また、AとBにはどんな違いがあるだろう。

Bの方がわかりやすいのではないだろうか。

 Bの特徴 はじめに全体的な説明がある
曲がるところのような重要な情報は具体的に
だらだら話さず、短い文で区切って話す

これによって、

- ☑ **全体のイメージを持った上で、話を聞くこと**
- ☑ **重要なポイントを逃さずに聞くこと**

ができるので、迷わずに到着できる。

つまり、わかりやすくよい文章にするには以下の点が重要である。

- 述べる順序
- 適切な事例 ）（パート1：練習1〜4）

- 適切な表現　→　（パート2：練習1〜10）

話題や、取り上げる事例によって、どのように述べるかも変わってくる。
相手にわかってもらうために、できるだけ効果的な戦略を考えよう。

2　文章を書くまでの手順

課題が出されたら、5つのステップで「何を」「どんな順序で」述べるかを決めよう。

〈Step1：アイディアを出す〉

　　まずは、テーマから思い浮かぶアイディアを集めよう。

〈Step2：自分の「言いたいこと」をはっきりさせる〉

　　アイディアから、ここでは何について取り上げるか
　　「話題（＝言いたいこと）」を決めよう。

〈Step3：自分の主張の補強〉

　　必要な情報を掘り下げよう。
　　読み手が理解しやすいように具体的な情報を入れよう。

〈Step4：アウトライン作成〉

　　展開がスムーズかどうか、述べる順序を確認してみよう。
　　読み手の視点を意識しよう。
　　内容に合ったタイトルをつけよう。
　　これでアウトライン完成！（p.9参照）

〈Step5：書き始め〉

　　書きことばで書こう。つなぎのことばを工夫しよう。

文章の完成

次の8、9ページの例で具体的な手順を確認しよう。

3 ポイントをしぼって自己紹介文を書く

限られた文字数で自己紹介をしたいとき、何を書いたらいいだろうか。アピールしたいポイントを1つにしぼって書いてみよう。まず、7ページの「文章を書くまでの手順」に従ってやってみよう。

〈Step1：アイディアを出す〉
思い浮かぶアイディアを集めよう。
自分について思いつくことを挙げてみよう。

〈Step2：自分の「言いたいこと」をはっきりさせる〉
アイディアから「話題」を決めよう。
違う色のペンで追加情報を書き足してみよう。
これについて言いたい！と思うことを1つ決めよう。

〈Step3：自分の主張の補強〉
必要な情報を掘り下げよう。
アイディアにさらに書き足して内容を吟味しよう。

テーマ：自慢できること ほめたいこと

高校の時、弓道部をずっと続けることができた。
　飽きっぽい性格の自分がこれだけは続けられた。

小学校から高校までいつもクラスの中で一番背が高かった。
　でも、これは別にがんばったからではない。生まれた時から大きかっただけだ。

〈Step4：アウトライン作成〉

自分がどんな人間か、1つだけ自分をほめられること（自慢できること）について説明するとしたら、どんな順序で述べたら相手にわかってもらえるだろうか。大まかな展開を考えよう。

アウトライン
- ①導入：根気がなくて、なかなか1つのことが続かないが、弓道部を3年間続けられたこと
- ②事例1：経験の差がなかったこと
- ③事例2：結束が高まる機会があったこと
- ④まとめ：続けられたのは友達のおかげ　この経験は自分の財産

①〜④をアウトラインという。読んだ人が、何について自分をほめることができると言っているのかわかるだろうか。また、②③は、①の話題を具体的に説明するものになっているだろうか。
〈Step4：アウトライン作成〉でうまく話が流れているか確認してから、〈Step5：書き始め〉に進もう。

〈Step5：書き始め〉

タイトル「弓道部を続けられたこと」

① 私は子どものころから飽きっぽい性格で、習い事を始めてもやめてしまうことが多く、1つのことがなかなか続けられない。そんな私だが、高校時代の部活動は3年間しっかりがんばることができた。ここでは、高校時代の弓道部での経験について紹介したい。

② 高校に入学した当初は、中学時代にやっていたテニスを続けようと思っていた。だが、部活動の紹介で、それまで見たことのなかった「弓道」を知り、とてもやりたくなった。経験がないことで不安だったが、中学校に弓道部があるところはほとんどなく、全員が「初心者」ということで不安は解消された。覚えることが多く、大変だったが、皆が同じ状態だったので、気軽に取り組むことができた。そして、全くの初心者だったので、できるようになることに対する満足感も大きかった。

③ また、チームで取り組む競技だったということも大きい。私の高校では団体戦が重要で、特に秋の大会が最も大きな大会として位置付けられていた。私が2年生の時、ここでいい成績を取れば県大会に行けるというチャンスが来た。その時、在学中の先輩、後輩はもちろん、卒業したOBの方々も来て、大勢で必死になって応援してくれた。一緒に集中して構えているような気持ちになり、とても一体感を感じた。これは、一瞬に集中する競技だからこその感覚かもしれない。ゼロから始めて、弓道の技術だけではなく、連帯感も培うことができた。

④ 改めて考えてみると、部活動を3年間続けられたのは、仲間の存在が大きい。一緒にゼロから始めた仲間だからこその連帯感があった。だから、私でも続けられたのだと思うが、部活動が続けられたことは私にとって大きな自信になったし、財産でもある。

（698字）

練習1：ポイントをしぼって自己紹介文を書く

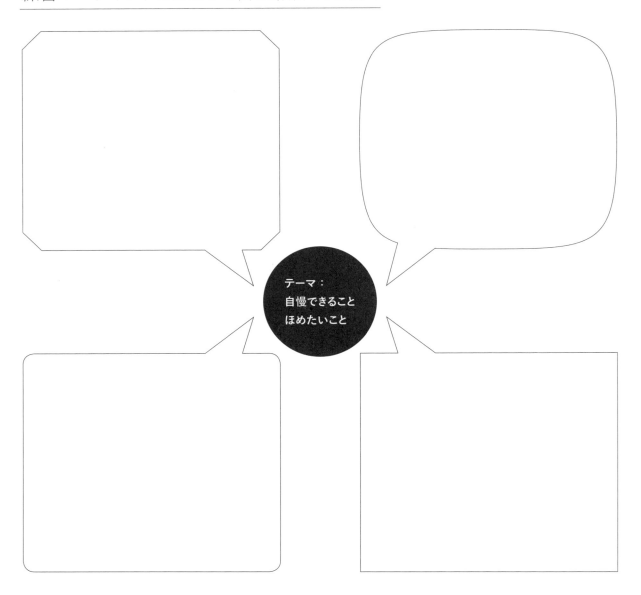

〈Step1：アイディアを出す〉

テーマについて思いつくことを挙げてみよう。

↓

〈Step2：自分の「言いたいこと」をはっきりさせる〉

違う色のペンで追加情報を書き足してみよう。これについて言いたいと思うことを１つ決めよう。

↓

〈Step3：自分の主張の補強〉

必要な情報を掘り下げよう。アイディアにさらに書き足して内容を吟味しよう。

> 取り上げる事例を決めて、それについて何を述べるか考えよう。
> 脱線していないか、わかりにくい用語を使っていないか、注意しよう。

↓

〈Step4：アウトライン作成〉

	タイトル
①導入	
②事例1	
③事例2	
④まとめ	

チェックポイント

- ☐ ②の事例は、①の話題を具体的に説明するものになっているか。①につながらない例を挙げていないか。
- ☐ ③の事例は、①の話題を具体的に説明するものになっているか。①につながらない例を挙げていないか。
- ☐ ②と③は同じような内容になっていないか。
- ☐ ④は全体のまとめとして適当か。急に違う内容を持ってきていないか。
- ☐ 内容に合ったタイトルになっているか。

OKなら → 〈Step5：書き始め〉

パート1　文章を書く

月　　　日

タイトル「　　　　　　　　　　　　　　　　　　　　　」

　　　　　　　　　　　　学籍番号（　　　　　）　名前（　　　　　　　　）

月　　日

学籍番号（　　　　）　名前（　　　　　　）

4 相手の知らないもの・ことを説明する

1 説明の順序を考える

相手がよく知らないもの（こと）について、どんなもの（こと）かを説明する部分では、どんな順序で述べるとわかりやすいだろうか。

例：**アルティメットとは**

> 概要
>
> アルティメットは、フライングディスクを用いた7人制のチームスポーツである。2つのチームが、100メートル×37メートルのコートで、フライングディスクを落とさずにパスして運び、コート両端のエンドゾーン内でパスをキャッチすると得点になる。球技にはないディスクの飛行特性を利用すること、スピードや持久力を必要とすること、自己審判制を用いていることから、「究極（アルティメット）」という。

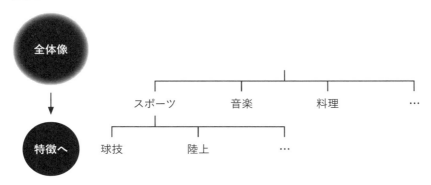

読んだ人がどんなものなのかイメージできるような、大まかな位置付け（例：「アルティメットは、……チームスポーツである。」）をしてから、自分の伝えたい特徴、長所、短所など小さい部分を説明しよう。

練習：＿＿＿＿＿＿＿＿＿＿＿＿＿＿＿ について紹介

書けたら他の人の書いたものを読んでみよう。

② 構成を考える

アルティメットの概要だけなら前ページの文章だけで十分だが、
それだけでは魅力を伝えることができない。どんな事例を入れたらいいだろうか。

タイトル「アルティメットの魅力」

アウトライン
- ①導入
- ②概要
- ③事例1
- ④事例2
- ⑤まとめ

構成を確認してみよう

　みなさんはアルティメットというスポーツを知っているだろうか。私は大学に入学してから、このアルティメットを始めた。部活動紹介冊子の一番最初に載っていて、「誰もが未経験」というフレーズに惹かれたことがきっかけだが、今はどっぷりとアルティメットの魅力にはまっている。

　アルティメットは、フライングディスクを用いた7人制のチームスポーツである。2つのチームが、100メートル×37メートルのコートで、フライングディスクを落とさずにパスして運び、コート両端のエンドゾーン内でパスをキャッチすると得点になる。球技にはないディスクの飛行特性を利用すること、スピードや持久力を必要とすること、自己審判制を用いていることから、「究極（アルティメット）」という。

　アルティメットではディスクをパスでつないでエンドまで運ばなければならないため、どのようなコースを突くか考えてプレーする、とても頭脳的な面がある。アルティメットに用いるディスクは、フリスビーに似ており、力に頼るものではなく、空気にうまく乗せることが重要だ。ディスクの独特の浮遊感が得られるととても気分がいい。はじめはどうしても力任せに投げてしまっていたが、傾きや回転を調整することで、カーブさせたり、スローで浮き上がらせたりと、多彩な動きができる。

　また、サッカーやラグビーなどでは、体力と高い身体能力がないと活躍できないが、アルティメットはそうでもない。投げるだけでなく、アルティメットという名前の通り、走る、飛ぶ、止まる、キャッチするなど様々な動きが必要だ。ただし、一人ですべてこなさなくても、どれか1つ得意な動きを作れば十分チームに貢献できる。高校までに経験している人はほとんどいないので、「誰もが未経験」であり、上達ぶりを実感しながら、チームスポーツの素晴らしさも味わえる。

　このように、アルティメットは奥の深い、やりがいのあるスポーツだ。機会があれば、ぜひ一度見てみてほしい。

（807字）

トピックの例　一般的に知られていない、珍しい、有名ではないもの（こと）についてその魅力を説明してみよう。
例：食べ物、スポーツ、地域的な行事、動物 etc.

練習2：相手の知らないもの・ことを説明する

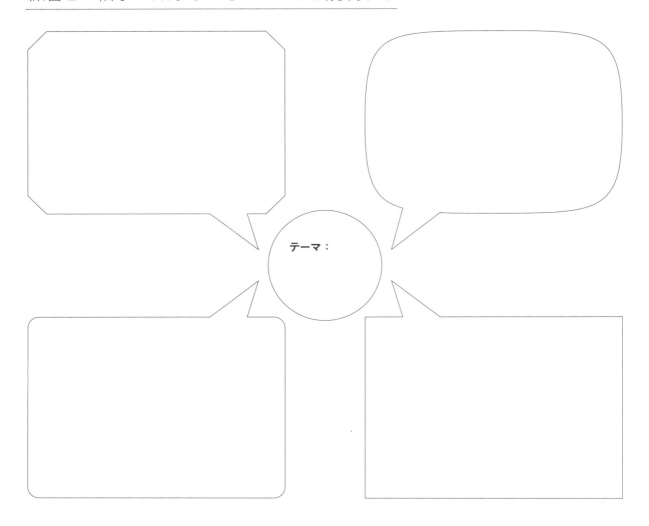

テーマ：

〈Step1：アイディアを出す〉
テーマについて思いつくことを挙げてみよう。

〈Step2：自分の「言いたいこと」をはっきりさせる〉
違う色のペンで追加情報を書き足してみよう。これについて言いたいと思うことを決めよう。

〈Step3：自分の主張の補強〉
必要な情報を掘り下げよう。アイディアにさらに書き足して内容を吟味しよう。

取り上げる事例を決めて、それについて何を述べるか考えよう。
脱線していないか、わかりにくい用語を使っていないか、注意しよう。

〈Step4：アウトライン作成〉

タイトル

①導入

②概要

③事例1

④事例2

⑤まとめ

チェックポイント
- □③の事例は、②の話題を具体的に説明するものになっているか。
  ②につながらない例を挙げていないか。
- □④の事例は、②の話題を具体的に説明するものになっているか。
  ②につながらない例を挙げていないか。
- □③と④は同じような内容になっていないか。
- □⑤は全体のまとめとして適当か。急に違う内容を持ってきていないか。
- □内容に合ったタイトルになっているか。

OKなら ⟶ 〈Step5：書き始め〉

月　　　日

タイトル「　　　　　　　　　　　　　　　　　」

　　　　　　　　　学籍番号（　　　　）　名前（　　　　　　　）

月　　　日

学籍番号（　　　　　）　名前（　　　　　　　）

5 ある出来事について報告・感想を書く

1 入れるべき情報を考える

ある出来事について報告する際には、どんな情報を入れたらよいだろうか。

例：ABCワイナリー見学

概要 ─┬ いつ：20○○年○月○日
　　　├ 何：ABCワイナリー見学
　　　├ どこ：JR○○駅からバスで10分
　　　└ どんな：事前に予約が必要、定員は15名まで、所要時間1時間半
　　　　　　　　ツアー内容は、ぶどう畑、醸造場、ワインセラーの見学とテイスティング

また、出来事（イベント）によっては、次のような情報を入れると、読む人により具体的に理解してもらえる。

プラスアルファの情報 ─┬ メンバーの構成：どんな人と一緒に行ったのか
　　　　　　　　　　　├ 目的：なんのために行ったのか
　　　　　　　　　　　├ 目標：どんなことを目指すのか
　　　　　　　　　　　├ 期間：いつからいつまで
　　　　　　　　　　　└ 主催機関：大学、○○会社、団体etc.

練習：＿＿＿＿＿＿＿＿＿＿＿＿＿＿＿＿＿＿＿＿＿＿＿＿＿＿

```
いつ：

何：

どこ：

どんな：



プラスアルファの情報：
```

書けたら他の人の書いたものを読んでみよう。

2 構成を考える

ワイナリー見学の概要はわかるが、体験した具体的内容や感想はわからない。
どのように入れたらよいだろうか。

タイトル「ABCワイナリーを見学して」

アウトライン
- ①導入
- ②概要
- ③体験した具体的内容
- ④感想
- ⑤まとめ

構成を確認してみよう

　食物栄養学科の3年次には、校外学習の一環として食品製造の見学が義務付けられている。ここでは、最近興味を持つようになったワイン製造を見学するために参加した、ワイナリー見学について報告する。

　20○○年○月○日、山梨県のABCワイナリーを見学した。ABCワイナリーは、JR○○駅からバスで10分程の広大なぶどう畑の中にある。ワイナリー見学ツアーは事前に予約が必要で、一回の定員は15名まで、所要時間は1時間半ほどである。ツアー内容には、ぶどう畑、醸造場、ワインセラーの見学と、ワインテイスティングが含まれている。

　見学ツアーはぶどう畑から始まった。ぶどう畑には、苗木を育てる畑と収穫ぶどうを育てる畑とがあり、さらにワインの種類によって使われるぶどうが異なるため、種類によってもぶどう畑が区分けされていた。つづいて醸造場を見学した。収穫したぶどうの軸の部分を取り除き破砕する機械と、発酵タンクを見た。白ワインは10〜15℃、赤ワインは25℃程度で1〜2週間発酵させるそうだ。最後に、樫の樽が並ぶワインセラーに移動した。貯蔵温度は12〜15℃が適当で、期間は1〜3年である。ABCワイナリーのワインセラーは、石造りでコンピューターで温度管理されており、夏でも中はひんやりとしていた。ツアーの最後にはワインテイスティングができ、白2種類、ロゼ1種類、赤3種類と、全部で6種類ものワインを飲み比べることができた。

　白ワインはどの程度の糖を発酵させないで残すかにより甘口、辛口が決まること、赤ワインは果皮や種子と一緒に発酵させる期間を調整することで渋みの程度、色の濃淡が異なることなどを学び、ワインの奥深さに感動した。また、試飲したワインはどれも最高においしかった。

　ワイナリーによってワインの製造法は様々であるらしい。機会があったら、今度は別のワイナリーも見学してみたい。

（761字）

トピックの例　体験した出来事について報告し、感想を述べてみよう。
例：研修、実習、見学、行事 etc.

練習3：ある出来事について報告・感想を書く

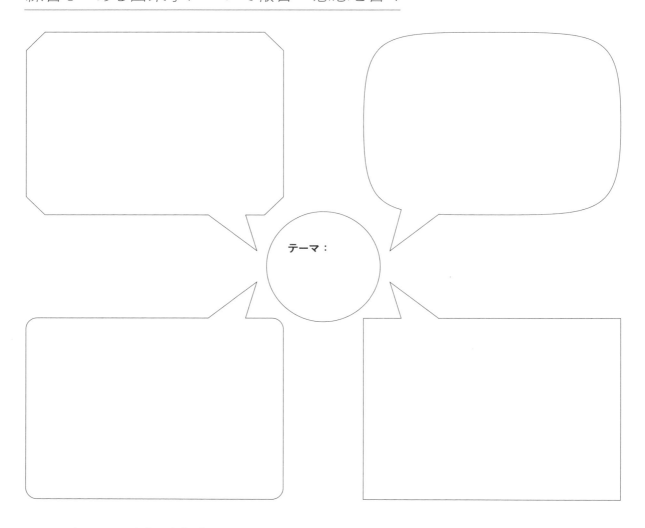

⟨Step1：アイディアを出す⟩

テーマについて思いつくことを挙げてみよう。

⟨Step2：自分の「言いたいこと」をはっきりさせる⟩

違う色のペンで追加情報を書き足してみよう。これについて言いたいと思うことを決めよう。

⟨Step3：自分の主張の補強⟩

必要な情報を掘り下げよう。アイディアにさらに書き足して内容を吟味しよう。

取り上げる事例を決めて、それについて何を述べるか考えよう。
脱線していないか、わかりにくい用語を使っていないか、注意しよう。

〈Step4：アウトライン作成〉

タイトル

①導入

②概要

③体験した
　具体的内容

④感想

⑤まとめ

チェックポイント
- □③の内容は、②の話題を具体的に説明するものになっているか。
- □④の内容は、③の内容に対するものになっているか。
- □③と④は同じような内容になっていないか。
- □⑤は全体のまとめとして適当か。急に違う内容を持ってきていないか。
- □内容に合ったタイトルになっているか。

OKなら ⟶ 〈Step5：書き始め〉

月　　日

タイトル「　　　　　　　　　　　　　　　　」

学籍番号（　　　　）　名前（　　　　　　　）

月　　日

　　　　　　　　　　　　　　学籍番号（　　　　）　名前（　　　　　　）

2つのものを比較して考えを書く

1 2つのものを比較して論点を整理する

あるものごとの特徴を説明するには、別のものと比較するとわかりやすくなる。
別のもの：似ているもの、反対のもの、読み手がよく知っているものetc.

例：大学と高校の違い

大学	項目	高校
1コマ90分	授業時間	1コマ45～50分
自分で選んで決める	時間割	学校が決めたもの
授業によって違う	教室	ほとんど同じ教室
授業によってメンバーも人数も違う	受講者	ほとんどいつも同じメンバー
大学のWebサイトや学内の掲示板	連絡事項	朝礼やHRで先生からか、配付プリントで
自由にできる	アルバイト	校則で制限、禁止あり
選択肢が多い	昼食	弁当持参か校内の食堂

他にも比較項目を入れて、さらに違いを考えてみよう

☞項目をたくさん挙げていろいろな方向から考えることが必要だ。
　ただし、文章にするときには全ての項目について書く必要はない。
　どの項目を取り上げたら「話題」がはっきりするか考えよう。

表をもとに2つを比較する部分を書く際、どのように比較して書いたらよいだろうか。

比較の仕方を確認して、パターンA、Bの続きを書いてみよう。

パターンA：大学と高校の違い

　　まず、高校についてだが、授業時間は1コマ45〜50分で、ほとんどの科目は自分で選ぶことはできず、学校から与えられた授業の時間割である。ほとんどいつも同じ教室で同じメンバーで授業を受ける。連絡事項は朝礼やHR、配付プリントなどで先生から伝えられる。アルバイトは校則で制限されていたり禁止されていることが多く、昼食も学内で食べなければならない。制服があり、髪型や化粧についても校則で制限されている場合が多い。

　　これに対して、大学の授業時間は

 高校についてまとめて述べた後、大学についてまとめるやり方

パターンB：大学と高校の違い

　　授業時間は、高校が1コマ45〜50分で大学は90分である。高校が与えられた授業の時間割なのに対し、大学では自分で受講科目を選んで自分の時間割を決める。受講する教室も高校ではほとんどの授業を同じ教室で受けるが、大学では授業によって教室が違う。したがって、クラスメートも高校では

 各項目ごとに高校と大学を比較してまとめるやり方

書けたら他の人の書いたものを読んでみよう。

② 構成を考える

比較してわかったことについて、自分の考えを述べてみよう。

例：タイトル「大学とはどのようなところか―高校との違い―」

アウトライン
- ①導入
- ②2つのものの比較
- ③②のまとめ
- ④考え（感想）

構成を確認してみよう

　この春、私は高校から大学に進学した。大学生になって嬉しい反面、大学生活をしっかりやっていけるのか不安も大きい。大学とはどのようなところなのか。ここでは、授業や生活などについて高校と大学を比較し、何が違うのかを考えてみたい。

　まず、高校についてだが、授業時間は1コマ45〜50分で、ほとんどの科目は自分で選ぶことはできず、学校から与えられた授業の時間割である。ほとんどいつも同じ教室で同じメンバーで授業を受ける。連絡事項は朝礼やHR、配付プリントなどで先生から伝えられる。アルバイトは校則で制限されていたり禁止されていることが多く、昼食も学内で食べなければならない。制服があり、髪型や化粧についても校則で制限されている場合が多い。

　これに対して、大学の授業時間は1コマ90分で、受講する科目は自分で選び自分で時間割を決める。授業によって、教室も違うし受講者のメンバーも人数も違う。大学からの連絡事項は、自分で大学のWebサイトや学内の掲示板で確認しなければならない。生活面では、アルバイトは自由にできるし、昼食も学生食堂や学内の売店を利用する他、学外で食べるなど選択肢が多い。また、服装や髪型も自由で、化粧をして通学してもよい。

　2つを比較すると、大学の方が高校より自分で自由に決められることが多いことがわかる。しかし、自由が増えるということは、自分で選んだことへの責任も大きくなるということだ。

　高校のころのようにいつも同じ仲間で行動できるわけではなく、先生に頼れるところも少なくなったことから不安もある。だが、自由が増えたのだから、自分の行動に責任を持ち、充実した大学生活を送りたいと思う。

（686字）

トピックの例

2つのもの（こと）を比較して、それについて自分なりの考えを述べてみよう。
例：○○年前の×××と今の×××、個人旅行とツアー旅行、
　　兄弟がいる人といない人、子どもがいる夫婦といない夫婦 etc.

練習4：2つのものを比較して考えを書く

（　　　　　　　　　　）	項目	（　　　　　　　　　　）

〈Step1：アイディアを出す〉
テーマについて思いつくことを挙げてみよう。

↓

〈Step2：自分の「言いたいこと」をはっきりさせる〉
違う色のペンで追加情報を書き足してみよう。これについて言いたいと思うことを決めよう。

↓

〈Step3：自分の主張の補強〉
必要な情報を掘り下げよう。アイディアにさらに書き足して内容を吟味しよう。

〈Step4：アウトライン作成〉

	タイトル
①導入	
②２つのものの比較	
③②のまとめ	
④考え（感想）	

チェックポイント

- □①で何を「話題」にするのかしっかり提示できているか。
- □②の２つのものの比較は、①を具体的に説明するものになっているか。
- □②の説明は比較としてわかりやすく述べられているか。
- □③は②のまとめとして適当か。急に違う内容を持ってきていないか。
- □④の考え（感想）は、②の内容についてのものか。
- □内容に合ったタイトルになっているか。

OKなら ⟶ 〈Step5：書き始め〉

月　　日

タイトル「　　　　　　　　　　　　　　」

　　　　　　　　　学籍番号（　　　　）　名前（　　　　　　）

月　　　日

学籍番号（　　　　）　名前（　　　　　　　）

パート2 表現をみがく

1 基本ルール：
書きことば・文体・原稿用紙の使い方

学生生活や社会で文章を書く際、話しことばやふさわしくない文体を使ったり、
原稿用紙の使い方を誤っていたりすると、それだけでせっかく書いた文章に対する評価は下がってしまう。
この章ではこれらのルールを確認しよう。

① 書きことば

以下は文章を書く際に誤って使われることの多い話しことばと、対応する書きことばの一部である。
文章を書く際に話しことばは使わないように注意しよう。

話しことば	書きことば
一番 いっぱい　たくさん かなり　すごく　とても ずっと ぜんぜん そんなに だんだん ちゃんと どんどん もっと もう やっと	もっとも 多く　多数 非常に　極めて ①はるかに　②長期間・長時間 全く それほど 次第に　徐々に 正しく　きちんと　十分に ①着々と・ますます　②急速に・急激に さらに　より すでに ようやく
いろいろな　いろんな そんな	さまざまな　多様な そのような
それに なので　だから だけど　でも あと	その上 そのため　ゆえに　したがって しかし　だが それから　その上
見れる　食べれる　etc.（ら抜きことば） 〜じゃない	見られる　食べられる　etc. 〜ではない

パート2　表現をみがく

〜たら 〜とか、〜とか （例：映画を見るとか、旅行に行くとか） 〜てる／〜とく 〜ないで／〜なくて 〜ないといけない／〜なきゃならない 〜みたいな　〜っぽい 〜んだ 〜わけで／〜けれど	〜と／〜ば 〔終止形〕、〔終止形〕など （例：映画を見る、旅行に行くなど） 〜ている／〜ておく 〜ずに／〜ず 〜なければいけない／〜なければならない 〜のような 〜のだ 〜ので・〜ため／〜が
バイト／スマホ　etc. 携帯／原発　etc.	アルバイト／スマートフォン　etc. 携帯電話／原子力発電所　etc.

表の中の話しことば「ずっと」「あと」などを見てもわかるように、**対応する書きことばは必ずしも1つではない**。どの表現が適切か、前後の文脈を考えて判断する必要がある。

練習1　次の文中の＿＿＿＿＿＿は、書きことばにふさわしくない表現である。
どんな表現に替えたらよいか考えて、〔　　　〕の中に書いてみよう。

(1) 消費税が引き上げられて困ってる人はすごく多いと思う。

⇒〔　　　　　　　〕〔　　　　　　　　　〕

(2) 国民の義務として、税金はいくら高くたって、払わないといけない。

⇒〔　　　　　　　〕〔　　　　　　　　　〕

(3) 周囲の人がぜんぜん行事に協力してくれなくて困った。

⇒〔　　　　　　　〕〔　　　　　　　　　〕

(4) やっと発売された新しい携帯は、もっと使いやすくなっているそうだ。

⇒〔　　　　　　　〕〔　　　　　　　　　〕〔　　　　　　　　〕

(5) 過疎化を止めなければいけないわけで、企業誘致などいろんな対策が必要だ。

⇒〔　　　　　　　〕〔　　　　　　　　　〕

(6) 留学希望者はかなりいる。だけど、実際に留学する人はあんまりいない。

⇒〔　　　　　　　〕〔　　　　　　　　　〕〔　　　　　　　　〕

(7) 自然災害に備え、ちょっとずつでも対策をしとくべきだ。

　　⇒〔　　　　　　　　　〕〔　　　　　　　　　〕

(8) 就活では、企業はまずことばづかいを見る。あと、アピール内容そのものよりも、
　　人柄を重視するみたいだ。

　　⇒〔　　　　　　　　　〕〔　　　　　　　　　〕〔　　　　　　　　　〕

(9) 事故の起こった地域にはちゃんとした治療が行える病院がなかった。
　　だから、ドクターヘリを使って患者を搬送した。

　　⇒〔　　　　　　　　　〕〔　　　　　　　　　〕

(10) バイトで接客の経験をいっぱい積んでいる。なので、接客マナーに関しては自信がある。

　　⇒〔　　　　　　　　　〕〔　　　　　　　　　〕〔　　　　　　　　　〕

(11) OJTっていうのは、職場の上司が部下に仕事を与えて、その仕事を通して
　　必要な知識などを学ぶ研修制度だ。OJTだと実務の中で仕事を覚えれる。
　　それに、OJTで出した成果が仕事の成果として評価される。

　　⇒〔　　　　　　　　　〕〔　　　　　　　　　〕〔　　　　　　　　　〕

　　　〔　　　　　　　　　〕

(12) 異常気象とか、海面の上昇とか、地球温暖化によっていろいろな問題が起こってる。

　　⇒〔　　　　　　　　　〕〔　　　　　　　　　〕〔　　　　　　　　　〕

　　　〔　　　　　　　　　〕

(13) 私が高校時代に一番がんばったことは、英会話のクラブ活動だ。
　　3年間、一度も休まないでがんばった結果、英語力は1年生のときよりずっと上がった。

　　⇒〔　　　　　　　　　〕〔　　　　　　　　　〕〔　　　　　　　　　〕

(14) 日本の少子高齢化はどんどん進んでいる。でも、そういう問題に対する
　　対応は十分じゃないと感じる。

　　⇒〔　　　　　　　　　〕〔　　　　　　　　　〕〔　　　　　　　　　〕

　　　〔　　　　　　　　　〕

パート2　表現をみがく

② 文体

手紙など「です・ます体」で書いたほうがよい文章もあるが、学生生活や社会で書く文章の多くは「だ・である体」である。まずは「だ・である体」で適切に文章を書けるようにしよう。
また、文章を書く際、以下のようなことばや表現の使用は避けたほうがよい。

① 「かな」「よ」などの、問いかけや働きかけを行う文末

　　例1）　× 国際社会で必要とされる資質の1つは語学力かなと思う。
　　　→　○ 国際社会で必要とされる資質の1つは語学力ではないか。
　　例2）　× この問題を社会全体で考えようよと言いたい。
　　　→　○ この問題を社会全体で考えようと言いたい。

② 記号、顔文字

　　例3）　× これからもっとサークル活動をがんばりたい!!
　　例4）　× 皆で努力すれば解決できるだろう(^-^)

③ 過度な謙遜

　　例5）　× 中学校のサッカー部では、キャプテンをやらせていただいていた。
　　　→　○ 中学校のサッカー部では、キャプテンをしていた／キャプテンだった。
　　例6）　× 私のような学生が言うべきことではないかもしれないが、社会人は職に就いてからも
　　　　　　向上心を持ち続けなければならない。
　　　→　○ 社会人は職に就いてからも向上心を持ち続けなければならない（のではないか／と思う）。

④ 通常行われない表記方法

　　例7）　× 近い将来、採血だけでさまざまな病気が見つけられるようになるかも知れない。
　　　→　○ かもしれない
　　例8）　× 自分のケータイを初めて持ったのは、高校2年生のときだった。
　　　→　○ 携帯電話

練習2 以下の文を、不適切な表現に注意して、「だ・である体」に直そう。

(1) このような研修は新入社員にとって有益ですよね。
　　⇒

(2) 問題解決能力を育成するためにはどのような教育が必要かしら。
　　⇒

(3) いじめ根絶のために、どのような対策が考えられますか？
　　⇒

(4) 私は小学校のときから水泳をず──っと続けてきました。
　　⇒

(5) まだ学生の自分が言うのもどうかと思いますが、日本の企業のシステムには
　　これからの時代に合っていないものが多いと感じます。
　　⇒

(6) まちがっているかもしれないんですが、この予算でこのイベントを実行するのは
　　難しいと思います。
　　⇒

(7) 高校生の時は、保健委員をやらせてもらっていました。
　　⇒

(8) 会社で働くようになったら、チコクなど許されません。
　　⇒

(9) 英語ができないからと言って、コミュニケーション能力が低い訳ではありません。
　　⇒

(10) 冷蔵庫が故障したので問い合わせをした所、メーカーの人が明日来る事になりました。
　　⇒

(11) 将来希望の職種に就く為に、学生のうちから努力した方がよいと思います。
　　⇒

3　原稿用紙の使い方

以下は原稿用紙を使う際の最低限のルールである。ここでしっかり確認しよう。

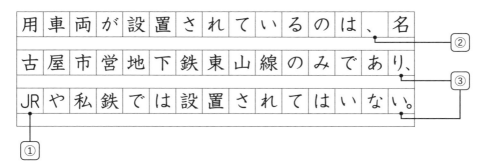

① 「2000」「JR」などの英文字や数字は、原則的に1マスに2文字入れて書く。
② 「、」「。」は1マス使って書く。
③ ただし、この場合は「、」「。」が行頭に来ないよう、行末のマスに一緒に入れる。

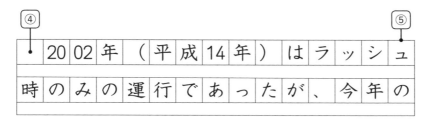

④ 新しい段落は、1マス空けて書き始める。
⑤ 小さい「っ」や「ャ・ュ・ョ」は1マス使って書く。

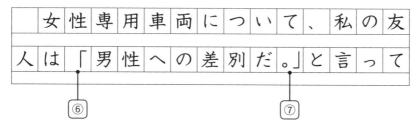

⑥ 「　」や（　）は、カッコでとじる内容に寄せる。
⑦ 「　」の内容の最後に「。」があるときは、このように1マスに入れる。

練習3 次の文章を原稿用紙に写してみよう。

(1)
　　環境省は2013年8月に、災害時にペットの犬猫が飼い主と一緒に避難できるよう、「災害時におけるペットの救護対策ガイドライン」を作成した。

(2)
　　日本貿易振興機構（JETRO）の主催で、中小企業の海外展開について考えるワークショップがあり、外国人採用のメリット等についての解説があった。

2 接続表現

まとまりのある文章を書く際には、文脈を考え、適切な接続表現を入れる必要がある。
接続表現が適切に使われることで、話の進む方向がわかりやすくなる。
接続表現を効果的に使い、相手にとって読みやすく、わかりやすい文章になるよう心がけよう。

用法	接続表現	例文
説明・補足	なぜなら	私は短期イギリス留学研修に参加した。なぜなら、たとえ短い期間であっても、留学を体験してみたかったからだ。
列挙	まず／次に／さらに… 第一に／第二に／第三に…	研修では、まず、プレイスメントテストが行われた。
順接	そのため　したがって そこで	私は読解よりも聴解の点数が低かった。そのため、会話中心のコースに参加することになった。
逆接	だが　しかし ところが	コースに参加して数日は、クラスメートの会話に全くついていけなかった。しかし、徐々に耳が慣れていった。
対比	一方　それに対して 逆に	平日のクラスでは誰もが上達をめざして一生懸命だった。一方、週末は皆で日帰り旅行や買い物をして楽しく過ごした。
添加	そして　そのうえ さらに　また	先生の指示や説明が徐々にわかるようになってきた。さらに、クラスメートとの英語での会話が苦でなくなっていった。

練習4 次の文章の【　　　】の中に適切な接続表現を入れて、文と文のつながりがわかりやすくなるようにしよう。

(1) 私は飲食店でアルバイトをしている。【　　　　　】、将来、アルバイトと大学で学んだことを生かし、自分の店を持ちたいと考えているからだ。

　アルバイトを始めてから驚いたことがいくつかある。【　　　　　】、覚えることが非常に多いことだ。接客マナー、メニューなど、予想以上に覚えることが多く、メモが欠かせない。
【　　　　　】、常に笑顔でお客様に接することの大変さだ。これまで店員が笑顔で接してくれるのは当たり前だと思っていたが、自分が店員になって、それが大変なことだと気づいた。

　飲食店のアルバイトは精神的にも体力的にもきついため、私が入ってからもすでに何人もの人が辞めていった。【　　　　　】、私は将来の夢のため、今のアルバイトでより多くのことを学びたいと思っている。

(2) 「正社員」と「契約社員」の違いについて述べる。【　　　　　】、契約期間が違う。正社員の多くが定年退職まで働くのに対し、契約社員は長期間働くことが難しい。
【　　　　　】、成果が挙げられない場合、契約を更新することもできない。第二に、給与の面をみると、正社員は長く働けば働くほど昇給が見込める上、退職金も出ることが多いが、契約社員の場合はいずれも難しい。

　このように見ると、正社員に比べ、契約社員にはデメリットが多いように感じられる。
【　　　　　】、正社員になると、望まない転勤や部署の移動といった業務命令にも従わなければならない場合が多い。【　　　　　】、自ら望んで契約社員ている人も少なくない。

3 文の問題

文章を書くとき、内容に気を取られ、個々の文が読みにくいものになることがある。
読みにくい文が頻出すると伝えたいことが伝わりにくくなる上、読む人の心証を悪くしかねない。
ここではどのような文が読みにくいのか、どうしたら読みやすい文になるのかを考えよう。

1 不適格な文

以下の①〜⑥のような文は、文の始まりと終わりが対応していない「ねじれ文」である。
○の文と比べてみよう

① 地域の住民の要望は、交通量の多い道路の安全を整備してほしい。
→ ○ 地域の住民の要望は、交通量の多い道路の安全が整備されることだ。
　　○ 地域の住民は、交通量の多い道路の安全を整備してほしいと主張している。

② なぜなら、世界的に人口が増加している。
→ ○ なぜなら、世界的に人口が増加しているからだ。

③ 日本でいたるところに設置されている自動販売機は、諸外国に比べ多くの台数の自動販売機がある。
→ ○ 日本では自動販売機がいたるところに設置されており、諸外国に比べ台数が多い。
　　○ 日本では諸外国に比べ多くの自動販売機がいたるところに設置されている。

④ 私たち国民は、行政には税金を適切に使うよう心がけるべきだ。
→ ○ 行政は税金を適切に使うよう心がけるべきだと私たち国民は考えている。
　　○ 私たち国民は、行政が税金を適切に使うよう心がけるべきだと考えている。

⑤ 少子高齢化が進み、高齢者を支える労働人口の割合が減少させている。
→ ○ 少子高齢化が進み、高齢者を支える労働人口の割合が減少している。
　　○ 少子高齢化が進み、高齢者を支える労働人口の割合を減少させている。

⑥ 住民が一体となって町の美化に取り組んでいけば、幼少時から町を大切に思う気持ちを育むべきだ。
→ ○ 住民が一体となって町の美化に取り組んでいけば、幼少時から町を大切に思う気持ちが育まれるだろう。
　　○ 住民が一体となって町の美化に取り組むことで、幼少時から町を大切に思う気持ちを育むべきだ。

また、以下のように、助詞が正しくない（⑦）、必要なことばが抜けている（⑧）、
語彙の選択が誤っている（⑨）、ことばの形がそろっていない（⑩）といった文があると、
非常に読みづらいだけでなく、それだけでレベルの低い文章だと捉えられてしまう。
○の文と比べてみよう。

⑦　国際会計基準の導入で、国内外の企業の経営状態と同一基準で比較できる。
→　○ 国際会計基準の導入で、国内外の企業の経営状態を同一基準で比較できる。

⑧　飲食店にとって、12月というもっともといってもよい時期に
　　営業停止処分を受けることは非常に大きなダメージである。
→　○ 飲食店にとって、12月というもっとも稼ぎ時といってもよい時期に
　　営業停止処分を受けることは非常に大きなダメージである。

⑨　ある国では、小学校低学年から外国語教育を教えている。
→　○ ある国では、小学校低学年から外国語教育を実施している。

⑩　幼児教育は義務化され、早期化すべきだという議論がある。
→　○ 幼児教育は義務化、早期化すべきだという議論がある。
　　○ 幼児教育は義務化、早期化されるべきだという議論がある。

文のねじれや助詞が正しくないなどの問題は、読み返せば気づくことができる。
文章を書いたら必ず読み返して、適格な文になっているか確認しよう。

練習5　次の文は不適格な文であり、内容が理解しにくい。読みやすい文に直そう。

（1）ボランティア活動を通じて気づいたことは、それぞれの活動でリーダーとなる人が必要だと感じた。

⇒

（2）今まで勉強を続けてこられたのは、周囲の人が応援してくれて、楽しく勉強を続けることができた。

⇒

（3）「センチメートル（cm）」という長さを表す単位は、日本だけでなく多くの国で長さを表す単位としてセンチメートルが採用されている。

⇒

（4）子どもは、親が過度に干渉せず、子どもの自立のため見守る姿勢が必要だ。

⇒

(5) 近年、どれだけ長く生きられるかにとどまらず、人々に「生活の質（QOL）」が意識し始めた。

⇒

(6) すべての小中学校のスクールカウンセラーの配置すると、問題を抱えた児童に対し、よりきめ細かいケアを行ってほしい。

⇒

(7) ジョギングをはじめた一つ目の理由として、運動不足の解消ということだ。

⇒

(8) 乳幼児の感染症のために、現在任意接種となっているワクチンの中に、定期接種とするのが望ましいものもある。

⇒

(9) 被災した地域を復興させるためには、必要な財源の保持が必要だ。

⇒

(10) 社会人にとって、上司へ業務内容を報告すること、相談は欠かせない。

⇒

(11) 担当の先生には、いつもきめ細かい指導をしていただき、学ぶとはどういうことなのかを教えてくれた。

⇒

(12) 研修を通して実感したことは、講義からだけでは学べないことがたくさんあると思った。

⇒

(13) 私が国際観光学部で学ぶ目的は、英語や中国語などの外国語のスキルを高める、さまざまな国の文化や習慣を学ぶ、観光学を身につける、将来この学部で得た知識を社会で生かしたい。

⇒

(14) 日本人は決して、現在も戦争をしている国があることを忘れないほうがいい。

⇒

2 読みにくい文

① 句点「。」の問題

以下のような文は、文がだらだらと長く読みづらい。長すぎる文は「ねじれ文」にもなりやすい。
文は適切なところで区切り、必要ならば接続表現を使ってつなげるようにしよう。

外国語を学習したほうがよいと思うのは、さまざまな国の人とコミュニケーションをとっていくことが必要で、現在、社会はグローバル化しているからで、私が高校生のときの交換留学の制度で、中国からの留学生が来ていて、彼女は日本語がそれほど上手ではなかったが、それでも私たちは十分にコミュニケーションがとることができたので、私はそれまで英語があまり得意ではなかったが、外国語を勉強したほうがよいと思ったからだ。

→○外国語を学習したほうがよいと思うのは、さまざまな国の人とコミュニケーションをとっていくことが必要だからだ。現在、社会はグローバル化している。例えば、私の高校でも交換留学の制度があり、中国からの留学生が来ていた。彼女は日本語がそれほど上手ではなかったが、それでも私たちは十分にコミュニケーションをとることができた。その時、私は、それまで英語が得意ではなかったため外国語に対して苦手意識を持っていたが、外国語を学習することの必要性を感じた。

修正後の文章を見て、どこが「。」で区切られているか、どこにどのような接続表現が入っているか確認しよう。修正前の文章と修正後の文章を音読すると、その違いが実感できる。

② 読点「、」の問題

「、」がなくてもよいところにある文や、反対に「、」があったほうがよいところにない文は、だらだら文でなくても読みづらい文となる。

---

①食べる量を、減らさなくても、野菜から食べる、よく噛むようにするなど、食べる順番や、スピードに、気をつけるだけでも、太りにくくなる。

→○食べる量を減らさなくても、食事のときにまず野菜から食べる、よく噛むようにするなど、食べる順番やスピードに気をつけるだけでも太りにくくなる。

②自転車に関する法律が、改正され悪質な運転手は罰金等の刑罰を、受けるだけでなく安全講習を受講しなければならなくなる。

→○自転車に関する法律が改正され、悪質な運転手は、罰金等の刑罰を受けるだけでなく、安全講習を受講しなければならなくなる。

パート2 表現をみがく

練習6 次の文は読みにくい。句読点（「。」や「、」）の入れ方を工夫する、接続表現を入れるなどして、読みやすい文にしよう。

（1）ある学校の、野球部では、3年生が、引退し、2年生が、主体となったとき、2年生が、3人しかいなかったため、1年生から、レギュラーを、選抜することになった。

⇒

（2）日本で、電車、地下鉄、バス、といった、公共交通機関が、定刻通りに、運行されていることは、日本の、優れた点の、1つとして、しばしば、取り上げられるが、これは、ひとえに、公共交通機関に、かかわる、人々の、努力の、結果であろう。

⇒

（3）スウェーデンは税金が高いことで有名だがその代わりに福祉や教育のサービスが充実しておりそのシステムには問題点が全くないというわけではないが日本が見習うべき点は多いと考える有識者も多い。

⇒

（4）パッケージツアー（パックツアー）と個人旅行とは、パックツアーは、日程が決められていて、航空券やホテルなどが全てセットになっているもので、個人旅行は、航空券の手配やホテルの予約を全て自分でやるもので、パックツアーは、割安料金で添乗員や現地係員がいて安心だが自由度が低く、個人旅行は、自由度は高いが全て自分で決めなければならず、割高になる場合もある。

⇒

4 適切な段落分け

「段落」は、内容のまとまりによる区切りである。段落のはじめは、1字下げて始める。そうすることによって、どこからどこまでが内容のまとまりであるか、一目でわかる。
例えば、以下の文章のそれぞれの段落は何について述べているだろうか。

イルクーツク

　イルクーツクはロシアのシベリア地方にある人口約60万人の都市である。世界で最も深く、透明度が高いと言われるバイカル湖の西岸にあり、シベリア鉄道で首都モスクワや極東地域とつながる交通の要所でもある。
　イルクーツクは大陸性気候であり、1年間の温度差が大きい。冬にはマイナス40度にも達する一方、夏は30度前後まで気温が上昇する。昼と夜の気温差も大きく、日中はTシャツ一枚で過ごせたのに夜間にはコートが必要になるといったことも珍しくない。
　町の歴史は古く、1600年代には政府から市として認定されている。流刑地としても有名であり、1825年に「デカブリストの乱」を起こした貴族たちがここに流されたことはよく知られている。第2次世界大戦後は日本人捕虜の抑留地の1つであったことから、町には日本人により建てられた建物が残っている。
　イルクーツクで観光と言えばバイカル湖を思い浮かべる人が多いが、「シベリアのパリ」と呼ばれていたイルクーツクの街並みにも、歴史ある教会や古い木造建築の民家など見所は多い。夏季には新潟や富山からの直行便もあり、興味のある人はぜひ訪れてみてほしい。

第1段落はイルクーツクという町の位置、第2段落は気候、第3段落は歴史、第4段落は観光について述べているのがわかるだろう。
このように、内容のまとまりで段落を分けて書くと、読み手は
①それぞれの段落が何について述べているのか
②段落と段落の関係
③文章全体の流れがどのようになっているのか
を把握しやすくなる。

練習7 次の文を段落に分けてみよう。ただし、1文だけの段落は避けること。

(1) 4つに分ける

ボランティア活動と私

　私は面倒くさがりであるが、一度決めたことは最後までやり抜いてきた。その1つである高校時代から今まで行っているボランティア活動について書こうと思う。私は高校に入学した際、先輩から小学生の野外活動のサポートをするボランティアの話を聞き、興味を持った。先輩に連れられて見学にも行ったが、自分が参加するかどうかはしばらく悩んだ。生半可な気持ちで取り組めることではないと感じたからである。しかし、見学で見た子どもたちの笑顔やボランティアの人たちの充実した様子に惹かれ、参加することを決めた。楽しいことばかりではなく、大変に感じることも多いが、現在までこのボランティアを続けてきた。私が現在就きたいと思っている職業はこのボランティアとはあまり関係がない。だが、就職して本当にボランティアができなくなるときまで、このボランティアは続けていきたい。

(2) 5つに分ける

「避難所のあり方を考える」セミナーに参加して

　2016年の8月の第1日曜日に、N市が主催する「避難所のあり方を考える」というセミナーに参加した。だれでも参加でき、参加費も500円と安かったため、さまざまな年代・職業の人が参加していた。セミナーでは、数年前大きな災害に遭ったT県の防災担当の職員による講演があった。当時の避難所で起きた問題やそれらへの対処の仕方など、現場を経験した人ならではの話を聞くことができた。N市の防災担当の職員からは、避難所の開設・運営のマニュアルについての説明があった。避難所にはルールや被災者の名簿作成、食料・物資の配布などについて取り決めが設定されている。現場ではそれらを軸とした臨機応変な対応が必要になるという。参加者が5～6人のグループに分かれ「ルールを守らない人が避難所にいたらどうするか」「体の不自由な人を避難所で受け入れるために何が必要か」といった問題について話し合った際には、自分一人では思いもよらないような意見が聞けた。災害時はとかく自分や家族のことで精いっぱいになりがちだが、周囲の人にも目を向け、お互いに思いやる気持ちをもつことの大切さを感じた。今回の研修は非常に充実していたが、これだけでは不十分である。今後もこのようなセミナーがあったらぜひ参加したい。そして、このようなセミナーにはできるだけ多くの人が参加してほしいと思う。

5 総合問題

__練習8__ 次の文章の中から不適切な表現を探し、適切な表現に直そう。

保育実習を終えて

　保育学科では3年次に2週間の保育園での実習がある。私は今回T市の「T保育園」で実習を~~やった~~。
　　　　　　　行った

　もともと子どもが好きでこの仕事をしたいと思っていた。なので、実際に子どもと触れ合って、これまで授業で学習した歌やダンスとかの活動を子どもと行えれることは楽しかった。

　でも、難しいと思うこともたくさんありました。例えば、子ども同士がトラブルを起こした場合、それぞれの子どもの話を聞き、何がダメだったのかを共に考え、子どもたちにちゃんと納得させなきゃいけない。自分的には、まず、子どもから話を聞き出すことからキツかった。あと、着替えやトイレ、食事の補助などの際、先生方は子どもが自立してこういう行動ができるよう、毎日根気強く教えなければならなく、ものすごく大変なことだって感じた。

　今回の実習で現場の先生方からもさまざまなアドバイスをもらって、卒業して保育者になりたいっていう気持ちが強くなった。

練習9　次の文章の中から不適格な文や読みにくい文を探し、適切な文に直そう。

「君主制」と「共和制」

　政治の形態には「君主制」と「共和制」がある。「君主制」の国と「共和制」の国には、何が違うのだろうか。

　まず、君主制の国々では、国王など伝統的に権威のある「君主」が国民を統合している国である。日本も天皇を国の象徴とされていることから、君主制の国であるといえる。

　君主制の国の中には、日本やイギリスのように君主が政治的な実権を持っていない「立憲君主制」の国もあれば、サウジアラビアやクウェートのように君主が政治的な実権を握っている「絶対君主制」の国である。

　一方、共和制の国々にはいわゆる君主はおらず、人民によって大統領などの元首が選ぶなど、人民の大部分が政治上の決定権を持ち、政治的な決定が君主の裁量によってではなく、法に照らして行われ、このような制度をとる国々を「共和国」、共和制を支持する思想を「共和主義」と言う。

　とはいえ、上に述べたように君主制の中でも立憲君主制の国々では、人民の意思が反映されていないわけではない。なぜならば、これらの国々では、人民により選ばれる議会が法にのっとって政治を執り行っている。

　このように、君主制と共和制は本来、相反する体制だが、実際にはそうとは言えない場合もある。

練習10　次の文章について、不適切な部分を直し、5つの段落に分け、原稿用紙に書き直そう。

民族衣装サリー

　世界にはさまざまな民族衣装がある。
　インドやネパール、バングラディシュとかの南アジアの女性が着用するサリーもその1つです。
　ここではサリーを紹介する。
　サンスクリット語の「シャーティー（細長い布）」ということばが由来となってて、ことばの由来の通り、サリーは細長い布からなってて、長さは一般的には5メートル程度である。
　だけど、長いものでは8メートルにもなる。
　サリーは5千年以上前から着られてたと言われてるが、宗教上の理由で布を裁断するのを忌避した僧侶たちが、裁断しなく着用できる衣服としてサリーを生み出したという説がある。
　長い歴史を持つサリーは、日常生活で着用されることのほとんどなくなった着物と違って、南アジア地域では今でも日常的に着用している。
　柄や色に決まりごとはあんまりないが、昼間は明るい色、夜のパーティーなんかでは濃い色が好まれる傾向にあるみたいだ。
　体を包むように身につけるのが一般的だけど、流行によって、素材や丈、着方などが変わるんだという。
　民族衣装はどれも個性的です。
　伝統のあるサリーは今も普通に着ている。
　魅力的な民族衣装の1つである。

パート3 活用する

1 プレゼンテーションの基礎

```
自己紹介
行事などの感想
実習の報告
何かについて説明する……など
```
→ 書いて提出するだけでなく、ゼミやクラスで発表する場合もある。どのように発表したらよいだろう。

1 話す内容を5つのステップで考えよう

→ パート1 で練習済み！ OK！

2 話す時の表現

文末は「です・ます体」にする。

つなぎの表現

開始：名前
> 須寺太郎です。

トピックの紹介
挨拶
> 今日は、私が大学に入ってから始めた、アルティメットというスポーツについてお話しします。よろしくお願いします。

︙

最後：質疑応答
> 以上です。何か質問はありませんか。

挨拶
> では発表を終わります。どうもありがとうございました。

③ 注意点

姿勢と表情

声の大きさとスピード
　　どんな話し方が「聴きやすい」だろうか。
　　（今まで授業を受けた先生の話し方などを思い浮かべてみよう）

> 今日は、私が大学に入ってから始めた、アルティメットというスポーツについてお話しします。✵
>
> よろしくお願いします。✵

ポイント
- 📌 原稿を暗記する必要はない。
- 📌 反応を見ながらゆっくり話す。 ✵ポーズを入れる。
- 📌 スラスラ話せなくても大丈夫。

2 メールの基礎

こんなとき…

- 欠席の連絡をする
- 提出物を出し忘れた
- 試験の結果を知りたい
- 本を借りたい
- 推薦状を書いてほしい
- レポートを提出する

→ メールでの連絡が一般的だ。
よく知らない先生にメールを出すのは緊張するものだ。
どのように書いたらよいだろう。

1　携帯電話からEメールを送る場合の注意点

携帯電話からEメールを送ること自体は問題ではないが、
先生はパソコンで受け取るので、表示のされ方（見え方）が
自分の思っているものと違うことに気をつけよう。

（＊携帯メールは受け付けない先生もいるので注意）

― 登録してある先生のアドレス

― ここに本文

何度も送ってるし、
自分のアドレスは
登録されてるはずだから、
自分の名前は
本文に書かなくても大丈夫！

NG!

用件は本文を見れば
わかるから、件名は
書かなくてもいいかな。

NG!

パソコンの受信画面では？

パート3　活用する

パソコンではこんなふうに見える。

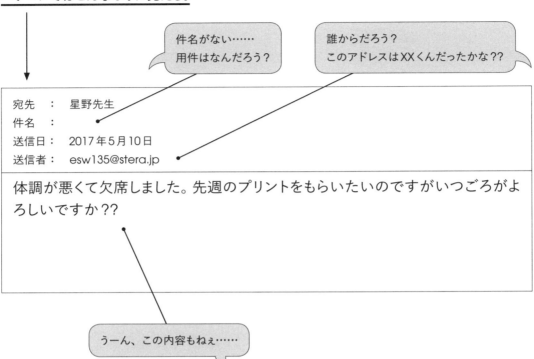

宛先 ：	星野先生
件名 ：	
送信日：	2017年5月10日
送信者：	esw135@stera.jp

件名がない……
用件はなんだろう？

誰からだろう？
このアドレスはXXくんだったかな？？

体調が悪くて欠席しました。先週のプリントをもらいたいのですがいつごろがよろしいですか？？

うーん、この内容もねぇ……

ではどのように書いたらいいだろう。

2 もし、直接言うなら、どのように言うだろうか

> あの、星野先生
> 呼びかけ

> ああ、ステラくん。
> 相手の確認

> すみません、昨日の日本語表現の授業なんですが、体調を崩してしまって出席できませんでした。
> 用件

> ああ、そうだったの。

> はい、連絡が遅くなってしまってすみませんでした。
> それで、休んだ時のプリントをいただきたいんですが……。
> 用件

> ああ、ちょっと待ってね……
> はい、これとこれ。

> ありがとうございます。
> 何か課題はありますか。

> いいえ、今週は特にありませんよ。
> ただ、月末までに
> 1回目のレポートを出すことになっているので、
> しっかりやってくださいね。

> はい、わかりました。
> 本当にすみませんでした。
> では、失礼します。
> 結びのあいさつ

> はい。
> 結びのあいさつ

*このような場合
☞ 先生に会ったら、まず「呼びかける」
　＝いきなり用件には入らない。
☞ 欠席や提出遅れなどであれば、
　きっと何度も「すみません」と言うはず。
☞ 本を返したいなどお願いごとであれば、
　「お願いします」と言うはず。
☞ 話が終わったら、あいさつを交わす。

メールでも基本は同じ

パート3　活用する

メールの場合は、次のように書くとよい。

```
宛先   : 星野先生
件名   : 欠席について（GH160xx 須寺太郎）
送信日 : 2017年5月10日
送信者 : esw135@stera.jp
```

呼びかけ（＝宛名）

名乗る＝あいさつと同じ

星野先生

こんにちは。GH160xxの須寺です。

木曜日1限の「日本語表現」を受講していますが、体調を崩してしまい、昨日の授業に出席することができませんでした。

ご連絡が遅くなってしまい、申し訳ありません。
欠席した分の資料をいただきたいと思っています。
いつお伺いすればよいでしょうか。ご都合のよい時を教えてください。
よろしくお願いします。

須寺太郎

用件　　　　署名（差出人）　　　　自分の気持ちを伝える表現

ポイント
- 📌 呼びかけ（宛名）と、名乗り、署名は必ず入れよう。
- 📌 件名に自分の名前を入れるのも良い。
- 📌 名乗るときは所属や学籍番号などを付けるとわかりやすい。
- 📌 内容に応じて、お詫びやお礼、依頼のことばなどを入れる。

親しい先生でも同じ!!

③ 何度もやりとりをする場合や先生から来たメールに返信する場合はどうだろうか

```
宛先　　：　星野先生
件名　　：　ゼミの面談について（GH160xx 須寺太郎）
送信日　：　2017年5月10日
送信者　：　GH160xx 須寺太郎
```

星野先生
こんにちは。GH170xxの須寺太郎です。
先生のゼミに興味があるので、面談をお願いしたいのですが、
いつお伺いすればよろしいでしょうか。
返信よろしくお願いします。

GH170xx 須寺太郎

須寺さん

メール、読みました。
面談ですが、木曜日か金曜日の
昼休みに来ていただけますか。

星野

木曜日か金曜日ね、
じゃ、木曜日にしようかな。

返信をしないのは、ダメ。
必ず返信しよう

わかりました。木曜日に行きます。

ポイント
- 2回目以降も、必ず宛名と署名は入れよう！
- よく知っている先生でも同じ。
- 「ありがとうございます」や「よろしくお願いします」などの挨拶も重要。

パート3　活用する

＊先生から来たメールの場合も基本は同じ。

```
宛先   ： naco123@stera.ne.jp; aio23@stera.ne.jp;..
件名   ： 明日のゼミの教室
送信日 ： 2017年5月10日
送信者 ： 星野
```

ゼミのみなさんへ

明日のゼミの教室を252Bに変更します。
時間はいつもと同じです。
遅れないように来てください。
では明日。

星野

返信すればいいわけではない。

宛名、自分の署名は必ず入れることを習慣づけよう。

```
件名   ： Re:明日のゼミの教室
送信日 ： 2017年5月10日
送信者 ： naco123@stera.ne.jp
```

承知しました！

```
件名   ： Re:明日のゼミの教室
送信日 ： 2017年5月10日
送信者 ： naco123@stera.ne.jp
```

星野先生
こんにちは。ご連絡ありがとうございました。
教室の件、承知しました。
明日は252Bにまいります。
よろしくお願いします。
須寺花子

4　レポートなどをメールで提出する場合の注意点

```
件名　　：　日本語表現のレポート提出（GH170xx 須寺太郎）
送信日：　2017年7月10日
送信者：　GH170xx 須寺太郎
📎　　　　日本語表現.docx
```

星野先生

「日本語表現」を受講している須寺太郎です。
課題のレポートを提出しますので、よろしくお願いします。

GH170xx 須寺太郎

```
件名　　：　日本語表現のレポート提出（GH170xx 須寺太郎）
送信日：　2017年7月10日
送信者：　GH170xx 須寺太郎
📎　　　　日本語表現.docx
```

完成したのでレポート提出します。

あー、やっとレポートできた！
一応、本文も打ったし、
これでいいだろ。送っちゃおうっと。

必要な情報は見ればわかるけど……。
せっかくがんばったレポートが台無し。

ポイント
📌 受け取る相手は、皆さんより年齢も立場も上であることを忘れないようにしよう。
📌 携帯電話からのメールは用件だけの場合が多いが、パソコンではそうではない。
📌 パソコンでのメールの送受信のルールに合わせよう。

3 履歴書・エントリーシートの基礎

就職活動では、履歴書とエントリーシートを提出するのが一般的である。

履歴書　　　　：名前、生年月日をはじめ、「経歴」を書くもの

エントリーシート：志望動機や人物像など、各企業から応募者に対する質問をまとめた就職応募用紙

履歴書のサンプル

このように、経歴だけでなく、自己紹介書がセットになった書式も多い。学校で用意されている場合も多いので確認してみよう。

エントリーシートのサンプル

企業ごとに、同じ質問でも記述欄の大きさが違ったり、様式は異なる。
履歴書の自己紹介欄と共通する質問項目も多い。

業種や企業規模にかかわらず、**よく聞かれる質問項目**は以下の3つである。
1. 志望動機
2. 自己PR
3. 学生時代に力を入れてがんばったこと

これらの質問に答えるためには……
　　　応募したい会社についてよく知ること
　　　自分自身についてよく知ること
が不可欠だ。どのように書いたらいいだろうか。

どのような手順で考えたらいいだろうか。

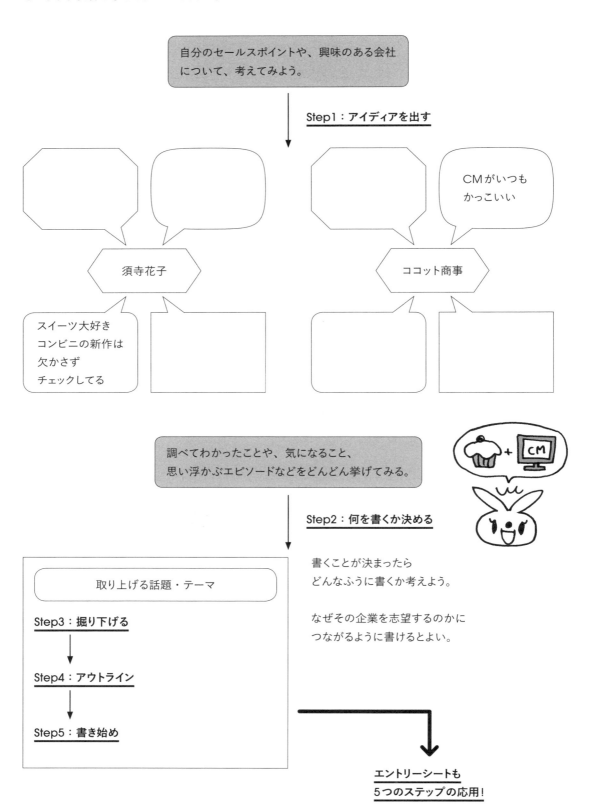

エントリーシートを書き上げるには、どんな力が必要だろう。

どのように書くか

代表的な質問項目	書く際のポイント
志望動機	なぜその企業に入りたいのか、根拠を示して述べる。
自己PR	アルバイト／部活動／留学／ゼミ　での体験などから、PRできるポイントを具体的に述べる。
学生時代に力を入れてがんばったこと	課外活動／アルバイト／ゼミ／サークル活動　などについて、どのようにがんばったか具体的に述べる。

- その企業に興味を持った理由や、自分の体験をただ紹介するのではなく、体験から得られた学び・気づき等を読み手（この場合は企業の採用担当者）にわかってもらえるようにまとめる。
- 読んだ人が納得できるように、**説得力のある**文章を書く練習が、今後必要になる。

どんな形式でまとめるか

	本書での練習	履歴書・エントリーシート
書き方	手書き／原稿用紙	手書き、またはデータで提出（web）／文字数指定
文体	常体（だ・である体）	敬体（です・ます体）が多い／常体でもいい　＊統一することが重要
表現	書きことば／敬語は使わない	書きことば／部分的に敬語を使う

- 網掛け部分は本書では練習していない。
- 敬語について：
  　　敬語は基本的に第三者に言及する場合に使えば十分である。
  　　　例　先生にお世話になった・指導していただいた
  　　　　　先輩に助けていただいた
  　　自分自身のことについて、無理して使う必要はない。
  　　　×　部活動で様々な経験をさせていただいた
  　　　○　部活動で様々な経験をした・色々な経験ができた

データで提出する場合の注意点

- 誤変換
    あやふやな漢字は必ず辞書で確認しよう。
        以外に　　意外に
        回答　　　解答
        相違　　　相異

- 漢字の使いすぎ
    わからない事がある → ◯ わからないことがある
    考えを纏めたい → ◯ 考えをまとめたい

> 手書きの場合と基本は同じ
> →「書きことばの表現・表記」
>
> 変換できても、常用漢字以外は
> 使わないほうが無難。

- 書式
    字数指定がある場合、最低でも指定された文字数の80％ぐらいは書く。
    続けて書かず、適宜改行して読みやすくしよう。
    手書きの場合と同様、段落のはじめは必ず1字下げる。

☞メールに添付して提出する場合の注意点はp.67

おわりに

ここまでの練習で、自分について紹介する、何かについて紹介・説明する、何かを行った経験を説明する、2つのものを比較して説明する、という4種類の文章を書きました。いかがでしたか。
自分にとってよくわかっていることを、他人に説明するためには、頭の中を整理して何をどの順に述べるかよく考えることが必要でした。
でも準備さえすれば、書けることがわかったのではないでしょうか。

ここまでできたら……

次はレポートや卒論など、自分の主張、考えを「論じる」文章です。
自分の考えをどのように伝えたらいいか、これには戦略が必要です。
次は、ぜひ『小論文編』でお会いしましょう！

執筆者紹介
山本裕子（やまもと　ひろこ）
　　愛知淑徳大学　交流文化学部　教授

本間妙（ほんま　たえ）
　　愛知淑徳大学　交流文化学部・留学生別科　非常勤講師

中林律子（なかばやし　りつこ）
　　愛知淑徳大学　交流文化学部　准教授

これなら書ける！
文章表現の基礎の基礎

2018年4月10日　初版第1刷発行
2024年5月31日　初版第2刷発行

著者	山本裕子・本間妙・中林律子
発行者	吉峰晃一朗・田中哲哉
発行所	株式会社ココ出版
	〒162-0828
	東京都新宿区袋町25-30-107
	電話　03-3269-5438
	ファクス　03-3269-5438
ブックデザイン	長田年伸
イラスト	アンドウ カヲリ
印刷・製本	株式会社シナノパブリッシングプレス

ISBN 978-4-904595-97-8